Andrzej Moszczyński jest autorem 23 książek, 34 wykładów oraz 3 kursów. Pasjonuje go zdobywanie wiedzy z obszaru psychologii osobowości i psychologii pozytywnej.
Ponad 700 razy wystąpił jako prelegent podczas seminariów, konferencji czy kongresów mających charakter społeczny i charytatywny.

Regularnie się dokształca i korzysta ze szkoleń takich organizacji edukacyjnych jak: Harvard Business Review, Ernst & Young, Gallup Institute, PwC.

Jego zainteresowania obejmują następujące tematy: potencjał człowieka, poczucie własnej wartości, szczęście, kluczowe cechy osobowości, w tym między innymi odwaga, wytrwałość, wnikliwość, entuzjazm, wiara w siebie, realizm. Obszar jego zainteresowań stanowią również umiejętności wspierające bycie zadowolonym człowiekiem, między innymi: uczenie się, wyznaczanie celów, planowanie, asertywność, podejmowanie decyzji, inicjatywa, priorytety. Zajmuje się też czynnikami wpływającymi na dobre relacje między ludźmi (należą do nich np. miłość, motywacja, pozytywna postawa, wewnętrzny spokój, zaufanie, mądrość).

Od ponad 30 lat jest przedsiębiorcą. W latach dziewięćdziesiątych był przez dziesięć lat prezesem spółki działającej w branży reklamowej i obejmującej zasięgiem cały kraj. Od 2005 r. do 2015 r. był prezesem spółki inwestycyjnej, która komercjalizowała biurowce, hotele, osiedla mieszkaniowe, galerie handlowe.

W latach 2009-2018 był akcjonariuszem strategicznym oraz przewodniczącym rady nadzorczej fabryki urządzeń okrętowych Expom SA. W 2014 r. utworzył w USA spółkę wydawniczą. Od 2019 r. skupia się przede wszystkim na jej rozwoju.

Inaczej o dobrym i mądrym życiu to książka o umiejętności stosowania strategii osiągania wartościowych celów. Autor opisuje 22 aspekty, które prowadzą do bycia mądrym. W jakim znaczeniu mądrym?

Mądry człowiek jest skupiony na działaniu ukierunkowanym na podnoszenie jakości życia, zarówno swojego, jak i innych. O tym jest ta książka: o byciu szczęśliwym, o poznaniu siebie, by zajmować się tym, w czym mamy największy potencjał, o rozwinięciu poczucia własnej wartości, które jest podstawowym czynnikiem utrzymywania dobrych relacji z samym sobą i innymi ludźmi, o byciu odważnym, wytrwałym, wnikliwym, entuzjastycznym, posiadającym optymalną wiarę w siebie, a także o byciu realistą.

Mądrość to umiejętność czynienia tego, co szlachetne. Z takiego podejścia rodzą się następujące czyny: nie osądzamy, jesteśmy tolerancyjni, życzliwi, pokorni, skromni, umiejący przebaczać. Mądry człowiek to osoba asertywna, wyznaczająca sobie pozytywne cele, ustalająca priorytety, planująca swoje działania, podejmująca decyzje i przyjmująca za nie odpowiedzialność. Mądrość to też zaufanie do siebie i innych, bycie zmotywowanym i posiadającym jasne wartości nadrzędne (do których najczęściej należą: miłość, szczęście, dobro, prawda, wolność).

Autor książki opisuje proces budowania mentalności bycia mądrym. Wszechobecna indoktrynacja jest przeszkodą na tej drodze. Jeśli jakaś grupa nie uczy tolerancji, przekazuje fałszywy obraz bycia zadowolonym człowiekiem, to czy można mówić o uczeniu się mądrości? Zdaniem autora potrzebujemy mądrości niemal jak powietrza czy czystej wody. W tej książce będziesz wielokrotnie zachęcany do bycia mądrym, co w rezultacie prowadzi też do bycia szczęśliwym i spełnionym.

Szczegóły dostępne na stronie:
www.andrewmoszczynski.com

Andrzej Moszczyński

Inaczej o byciu odważnym

2021

© Andrzej Moszczyński, 2021

Korekta oraz skład i łamanie:
Wydawnictwo Online
www.wydawnictwo-online.pl

Projekt okładki:
Mateusz Rossowiecki

Wydanie I

ISBN 978-83-65873-48-4

Wydawca:

ANDREW MOSZCZYNSKI
I N S T I T U T E

Andrew Moszczynski Institute LLC
1521 Concord Pike STE 303
Wilmington, DE 19803, USA
www.andrewmoszczynski.com

Licencja na Polskę:
Andrew Moszczynski Group sp. z o.o.
ul. Grunwaldzka 472
80-309 Gdańsk
www.andrewmoszczynskigroup.com

Licencję wyłączną na Polskę ma Andrew Moszczynski Group sp. z o.o. Objęta jest nią cała działalność wydawnicza i szkoleniowa Andrew Moszczynski Institute. Bez pisemnego zezwolenia Andrew Moszczynski Group sp. z o.o. zabrania się kopiowania i rozpowszechniania w jakiejkolwiek formie tekstów, elementów graficznych, materiałów szkoleniowych oraz autorskich pomysłów sygnowanych znakiem firmowym Andrew Moszczynski Group.

*Ukochanej Żonie
Marioli*

SPIS TREŚCI

Wstęp	9
Rozdział 1. Czym jest odwaga?	11
Rozdział 2. Źródła odwagi	21
Rozdział 3. Działanie odwagi	25
Rozdział 4. Korzyści płynące z odwagi	29
Rozdział 5. Przeszkody do pokonania	31
Rozdział 6. Ludzie odważni	37
Rozdział 7. Jak znaleźć w sobie odwagę?	41
Co możesz zapamiętać? ☺	49
Bibliografia	51
O autorze	67
Opinie o książce	73
Dodatek. Cytaty, które pomagały autorowi napisać tę książkę	77

Wstęp

Do bardzo ważnych przymiotów tworzących dojrzałą osobowość należy odwaga. Moim zdaniem jest ona jedną z kilku cech (razem z wiarą w siebie, wytrwałością, wnikliwością, entuzjazmem i realizmem) stanowiących solidną i trwałą konstrukcję psychiczną, na bazie której można budować i wzmacniać inne wartościowe elementy swojego charakteru.

Rozdział 1

Czym jest odwaga?

Odwaga to świadoma, śmiała i zdecydowana postawa wobec życia, to także umiejętność wypowiadania się i postępowania zgodnie z własnymi przekonaniami bez względu na konsekwencje. Ludzie odważni realizują marzenia i osiągają cele. Odwaga daje wolność rozumianą jako możliwość i umiejętność decydowania o samym sobie. To budzi skojarzenia z hebrajskimi słowami: *chazar* oznaczającym bycie silnym i *amac* znaczącym tyle, co bycie mocnym. Odwaga to pewność tego, co się robi; nie należy jednak mylić jej z nadmierną pewnością siebie. Odwaga jest tą wewnętrzną siłą, która pozwala nam wytrwać i nie rezygnować z najtrudniejszych wyzwań.

Jest przydatna w każdym aspekcie i w każdej dziedzinie życia, stanowi jeden z fundamentalnych elementów „szkieletu" dojrzałej osobowości. To odwaga umożliwia wejście w sferę spraw niemożliwych, które, jak szybko przekona się człowiek śmiały, nieosiągalne są tylko pozornie, dla niego bowiem staną się całkiem realne, a satysfakcja z ich poznania i oswojenia będzie niezwykłą nagrodą.

Ludzie odważni mają otwarty i żądny wiedzy umysł, zadają sobie pytania i wytrwale szukają na nie odpowiedzi.

Odwaga w pracy jest niezbędna już na etapie starania się o nią. Odważna postawa polega na tym, że potencjalnego pracodawcę nie tyle prosimy o zatrudnienie, co proponujemy mu współpracę. Chodzi o takie prowadzenie rozmowy, by wskazać korzyści dla obu stron. Przedstawiamy swoje mocne strony i propozycje ułożenia naszych relacji z firmą – dobrym posunięciem jest na przykład rezygnacja z części stałego wynagrodzenia na rzecz prowizji (ewentualnie premii) za udane transakcje zawarte z naszym pośrednictwem. Dotyczyć to może pracy nie tylko w dziale handlowym, ale również w działach:

zakupów, finansowym, marketingu, technicznym, logistyki, informatycznym.

W jaki sposób działać, by pracodawca widział w nas współpracownika czy nawet, w przyszłości, swojego partnera? Oto przykład.

W przeszłości byłem partnerem, konsultantem i doradcą w firmie deweloperskiej. Jednym z moich zadań było przygotowanie tej firmy do wejścia na giełdę, a wiąże się to ze świadomym rozwijaniem i powiększaniem wartości niematerialnych oraz prawnych walorów spółki. Aby osiągnąć maksymalną jej wartość, pośrednio nadzorowałem i wdrażałem różne procesy w czterech działach. Nie będę opisywał, jak wiele radości dawała mi ta praca i z czym się wiązało wiele moich decyzji, chcę przede wszystkim pokazać, że sytuacja ta stała się dla dyrektorów wspaniałą okazją do wykazania się odwagą. Oficjalnie zostałem dyrektorem ds. strategii i rozwoju, bezpośrednio podlegały mi działy sprzedaży mieszkań i marketingu. Zaproponowałem dyrektorom tych działów, aby zdobyli się na śmiałość i przemyśleli, w jaki sposób mogą zwiększyć rentowność czy zmaksymalizować dochody swoich działów. Obiecałem, że w zamian przekażę im w ramach premii udział w osiągniętych w ten sposób zyskach. Nie czekałem długo – dyrektor sprzedaży wpadł na pomysł, aby klienci, którzy szybko wpłacają na nasze konto większe kwoty, dostawali niewielki upust. Dzięki temu firma uzyska lepszą płynność, bo nie będzie musiała wykorzystywać całego kredytu przeznaczonego do obsługi danego osiedla mieszkaniowego. Takie rozwiązanie oznaczało mniejsze koszty, czyli większą rentowność. Pomysł był świetny, dyrektor zyskał dodatkowe źródło dochodów i stał się partnerem spółki.

Inny przykład. Dyrektor marketingu postanowił, że chce zarabiać więcej. Przyznam, że ta ambitna postawa bardzo mi się spodobała, widziałem jego odwagę i zapał do działania. Pytał mnie wprost, jak może zwiększyć zyski firmy. Doszliśmy wspólnie do wniosku, że skoro zarządza i wpływa na budżety marketingowe, powinien ulepszyć czy nawet całkowicie zmienić swój dział. Budżet na następny rok planował zazwyczaj w ostatnim kwartale bieżącego roku. Zaproponowałem, aby przygotowywał go na pół roku przed wprowadzeniem w życie. W jaki sposób to posunięcie miało zapewnić mu dodatkowe źródła zysku? Otóż ustaliliśmy, że będzie on nie tylko koordynatorem działu marketingu, ale również negocjatorem cen reklam w mediach i jeśli okaże się to potrzebne, będzie szukał sposobów na uzyskanie maksymalnych upustów, a nawet decydował o rozliczeniach barterowych. Wcześniej także podchodził do sprawy profesjonalnie, ale czegoś w jego pracy brakowało, bo jedynie wypełniał swoje obowiązki (choć trzeba przyznać, że w sposób naprawdę rzetelny). W tym momencie wszystko się zmieniło. Dowiedział się oficjalnie, że jeśli uzyska dodatkowe upusty, większe niż te, które mieliśmy rok wcześniej, będzie miał swój udział w tych zyskach. Motywacja była duża. Ale jak to zrealizować? Media nie są skłonne do rozdawania rabatów na lewo i prawo. Zaproponowałem mu więc, aby przeczytał kilka dobrych książek na temat negocjacji. Po ich przestudiowaniu tryskał energią i regularnie uzyskiwał świetne wyniki, na co miało wpływ również to, że ustalaniem i planowaniem nowych budżetów zajmował się od tej pory dużo wcześniej, nie zostawiał ich na ostatnią chwilę.

Jestem dumny z tego dyrektora. Jego kreatywność zwiększyła wartość naszej spółki, ale najbardziej skorzystał na tym on sam, bo gdyby na przykład chciał zamieszkać w innym mieście i szukał tam dobrej pracy, to – jestem o tym przekonany – nie miałby z tym najmniejszych problemów. Jego referencje zrobiłyby wrażenie na każdym pracodawcy; nie ma takiego szefa, który nie słuchałby z zaciekawieniem, że ktoś jest tak zaangażowany w pracę i skupiony na jej wynikach, jak ten człowiek. Niestety, dla większości pracodawców jest to trudne wyzwanie: znaleźć człowieka, który będzie pracował tak, jakby robił to dla siebie.

Oto inny przykład który pokazuje, na czym polega okazywanie odwagi. W 1997 roku jedna z moich spółek realizowała nowatorski wówczas projekt umieszczania reklam na tramwajach. Zaplanowałem podpisanie umowy z dużą firmą produkującą armaturę sanitarną. Zdawałem sobie sprawę, że spotykając się z jej zarządem, niewiele osiągnę – prezesi przedsiębiorstw o zasięgu ogólnopolskim nie zaryzykują utraty reputacji i raczej nie podejmą współpracy z lokalną firmą (w tym czasie dopiero miałem aspiracje, aby stać się graczem krajowym). Postanowiłem więc doprowadzić do spotkania z samym właścicielem fabryki. Istotną rolę odegrała tu metoda wizualizacji, jaką zastosowałem. Po kilku miesiącach znalazłem sposób na dotarcie do właściciela fabryki. Musiałem jednak poczekać około 7 miesięcy na spotkanie, ponieważ właściciel fabryki mieszkał w USA. Kiedy dowiedziałem się, że zamierza przyjechać do Polski, zaplanowałem wizytę w Jordanowie – siedzibie firmy. Samo umówienie spotkania było sporym wyzwaniem.

Do spotkania doszło. Wyjaśniłem właścicielowi, jaką wartość dodaną możemy zaoferować: monitoring przebiegu całej kampanii reklamowej – ten właśnie detal miał stanowić o naszej przewadze nad konkurencją. W momencie spotkania z właścicielem fabryki nie miałem jeszcze pewności, czy uda mi się dojść do porozumienia z szefami firm kierujących miejską komunikacją, do której należały nośniki reklamy – byłem na etapie wstępnych ustaleń – ale postanowiłem odważnie wyjść z propozycją, wierząc, że uda mi się wszystko zorganizować, by dotrzymać obietnicy. Właściciela fabryki przekonała usługa monitoringu – znał te procedury z USA, stosowano je tam od dawna, a w Polsce rynek reklam na tramwajach rozwijał się niezwykle powoli właśnie ze względu na brak monitoringu.

Gdy już przyjął moją ofertę, zaproponowałem coś, czego w zasadzie się nie praktykuje – podpisanie umowy jeszcze tego samego dnia, od razu. Na miejscu naniosłem odpowiednie poprawki, by dostosować jej treść do nowych warunków i umowę podpisaliśmy. Wyjście z tak niecodzienną propozycją było odważne, ale właściwie nie miałem wyjścia – przeczuwałem bowiem, że jeśli opuszczę ten pokój bez podpisu właściciela, mogę zapomnieć o całej sprawie. Widziałem przecież miny dwóch członków zarządu obecnych na spotkaniu – jeśli nie zawarłbym kontraktu od razu, ci mili panowie z zarządu zapewne skutecznie zniechęciliby właściciela do mojego pomysłu. To przekonanie dało mi odwagę. Udało się! W umowie zawarliśmy jednak zapis, że moja firma otrzyma wynagrodzenie tylko wtedy, gdy faktycznie udostępni usługę monitorowania kampanii. Wiedziałem, że jeśli nie załatwię tej sprawy, nic nie zarobię. Czy za bardzo ryzykowałem? Miałem już pewne doświadczenie zawodowe i wiedziałem, co robię. Kierowałem się zasadą, że nie ma rzeczy niemożliwych, a są tylko rzeczy trudniejsze do zrealizowania. Co prawda nie było mi łatwo przekonać zarząd komunikacji miejskiej do wprowadzenia monitoringu, ale musiałem doprowadzić to zadanie do końca. Determinacja, jaka się włącza w sytuacjach trudnych, pomogła mi osiągnąć wyznaczone cele.

To przedsięwzięcie było dla mnie bardzo ciekawą życiową lekcją. Nauczyłem się, że gdy coś

chcę, a nie jedynie **powinienem** zrobić, to wystarczy, że skupię się na szukaniu odpowiedzi na pytanie: jak?, i będę to robić aż do skutku. W takich chwilach odnajdujemy w sobie silną determinację, która pozwala nam działać skutecznie. Myślę, że podobne doświadczenia są udziałem wielu ludzi. Wiedziałem, że jeśli się czegoś podejmuję, to chcę być konsekwentny i chcę dążyć do wyznaczonego celu. Dzięki temu osiągnąłem sukces. Czułem wtedy, że dla takich chwil, dla momentów dumy z pokonania trudności i dla zwycięstwa naprawdę warto żyć. Zrozumiałem także, że bez odwagi nie osiąga się ambitnych celów. Jeśli pojawi się ona w odpowiednim momencie naszego życia, możemy dzięki niej osiągnąć realistyczne cele. Jednak nie zawsze byłem tak odważny, jak w sytuacji, którą opisałem. Kiedyś byłem wręcz nieśmiały.

Rozdział 2

Źródła odwagi

Niektórzy z nas wydają się obdarzeni odwagą w większym stopniu niż inni. Widać to już we wczesnej młodości, a nawet dzieciństwie. Może się zdawać, że tacy ludzie zostali ulepieni z lepszej gliny. Możemy im zazdrościć, że potrafią powiedzieć innym, co myślą i bez oporów wygłaszać swoje zdanie na jakiś temat, nawet jeśli większość nie podziela tych poglądów. Ludzie ci mają skrystalizowane przekonania, nie boją się krytyki, nie obawiają się przekonywania innych do swoich racji. Wydaje mi się, że właśnie w tym tkwi tajemnica sukcesu, właśnie takie postępowanie buduje odważną postawę, szczególnie u osób, które nie mają ku temu naturalnych predyspozycji.

Pomyślmy o człowieku, który w coś głęboko wierzy. Czyż odwaga nie rodzi się pod wpływem jego wiary? Cecha ta pojawia się u tych, którzy posiadają specjalistyczną wiedzę, poszukują odpowiedzi na ważne dla nich pytania. Włożyli w to wiele wysiłku i wierzą w to, co dobrze poznali. W efekcie rośnie ich zaangażowanie i gdy ktoś podda w wątpliwość ich wiedzę, zakwestionuje ich racje, obrona staje się dla nich rzeczą naturalną. Ludzie, którzy poświęcili jakiejś kwestii mnóstwo czasu i pracy, rzadziej skłonni są do biernej czy obojętnej postawy, przestają obawiać się reakcji otoczenia. Właśnie w takich sytuacjach na arenę wkraczają odwaga i determinacja i cechy te stają się potężną siłą, jaką dysponujemy. Człowieka odważnego i zdeterminowanego trudno jest pokonać.

Fryderyk Nietzsche mawiał, że każdy z nas posiada „wolę mocy" i, pracując nad samym sobą, może „wyhodować" w sobie nadczłowieka, ideał człowieczeństwa. To energia, zapał i wytrwałość są wyznacznikami naszej mocy, naszego potencjału.

Na podstawie własnego doświadczenia życiowego mogę stwierdzić, że ludzie odważni mają nie tylko nawyk starannego wyznaczania celów, ale posiadają też wewnętrzną potrzebę tworzenia planu osiągania tych celów. Taki plan ma zazwyczaj kilka alternatywnych scenariuszy, ponieważ determinacja przejawia się także w przewidywaniu reakcji otoczenia i zwrotów sytuacji. Musi mieć on także określone ramy czasowe, być elastyczny, zrozumiały nie tylko dla nas, ale i dla naszego otoczenia. W ten sposób ludzie odważni osiągają to, czego pragną, ponieważ inni, którzy być może chcą utrudnić im zadanie, są zbyt leniwi, aby przygotować plan zniechęcający takie odważne osoby. Jest to prawda, której sam doświadczyłem i nadal doświadczam.

Rozdział 3

Działanie odwagi

O tym, jak wiele mogą osiągnąć ludzie odważni, przekonujemy się, analizując postępowanie tych, którzy dzięki niezłomności i determinacji zmienili losy świata. Przykładami niech będą dwie postacie historyczne: **Krzysztof Kolumb** i **Abraham Lincoln.**

Kolumb latami gromadził specjalistyczną wiedzę i rozmyślał o dalekich, morskich wyprawach. Z jego analiz wynikało, że podróżując na zachód, może odnaleźć morską drogę do Indii. Wiara w to dała mu siłę i odwagę, by próbować przekonać do swoich idei najpierw władcę Portugalii, a gdy to się nie udało – królową Hiszpanii Izabelę Kastylijską. Zainteresował swoim pomysłem hiszpańskich dygnitarzy. Jeden z dworzan królowej Luis de Santangel namówił ją, by wysłuchała propozycji Kolumba. Izabela dała się przekonać odważnemu odkrywcy i zezwoliła na wyprawę pod hiszpańską banderą. Podróż częściowo sfinansował dwór królewski, a częściowo hiszpańska rodzina kupiecka Pinzonów. Kolumbowi obiecano dziedziczny tytuł Wielkiego Admirała, Wicekróla odkrytych ziem oraz dziesiątą część zysków. Zadziałało tu prawo przyciągania – nagle pojawiło się rozwiązanie, wyjście z sytuacji, a to zdarza się tylko ludziom odważnym. W tym przypadku przełomowym momentem było spotkanie z osobami, które uwierzyły w powodzenie śmiałego planu i stały się ambasadorami żeglarza, ułatwiając mu kontakt z królową. Wieści o powodzeniu pierwszej wyprawy Kolumba sprawiły, że wielu ludzi chciało mu później pomagać i uczestniczyć w jego sukcesie.

Lincoln zapisał się na kartach historii jako odważny bojownik o wolność ludzi dyskryminowanych ze względu na kolor skóry. Jego przekonania sprawiły, że gdy został prezydentem, popierające niewolnictwo Południe, obawiając się ograniczenia swoich praw w tej dziedzinie i zwiększenia wpływu przemysłowych stanów Północy na politykę kraju, wystąpiło z Unii i na początku 1861 utworzyło Konfederację Stanów Ameryki. Wiara w słuszność tego, co chce osiągnąć, dała Lincolnowi odwagę do działania. Nie poddawał się, mimo że miał wielu wrogów, także takich, którzy grozili mu śmiercią. Można powiedzieć, że prezydent Lincoln zginął za swoje przekonania, ponieważ kres jego życiu położyła kula zamachowca powiązanego z Konfederatami.

Także we współczesnym społeczeństwie odnajdujemy ludzi cenionych i podziwianych za odwagę. Cecha ta jest wręcz niezbędna do wykonywania niektórych zawodów. Strażacy, żołnierze i policjanci – wielu z nich poświęciło życie, ratując ofiary pamiętnego zamachu na World Trade Center w Nowym Jorku w 2001 roku. Dziesięć tysięcy ratowników z niezwykłą odwagą i poświęceniem przeczesywało zgliszcza dwóch wież w poszukiwaniu żywych jeszcze ludzi. Życie straciło tam ponad 300 strażaków. W 2007 roku, będąc w Nowym Jorku, nocowałem w hotelu znajdującym się 100 metrów od miejsca, w którym rozegrała się tragedia. Z pokoju na 28 piętrze widziałem ruiny WTC. Myślałem o decyzjach, jakie musieli podejmować ci doświadczeni strażacy, gdy całą swoją energię skupiali na ratowaniu ludzi. Zastanawiałem się, skąd mieli taką odwagę i myślę, że brała się ona z gruntownego przygotowania: lat szkoleń i treningów, symulacji, uczenia się teorii i zdobywania praktycznych doświadczeń. Wiedza i doświadczenie wpływają na działanie, pozwalają ograniczyć lęk i podejmować racjonalne, ale i odważne decyzje.

A zatem aby nauczyć się odwagi, my również powinniśmy zacząć od teorii. Starajmy się najpierw przesiąknąć tym tematem, potem zebrać opinie, najlepiej od ludzi okazujących odwagę na co dzień, a następnie wykorzystujmy każdą okazję, by wprowadzić naszą wiedzę w czyn. Osobowość zaczyna jaśnieć, gdy do głosu dochodzi odwaga.

☼

Rozdział 4

Korzyści płynące z odwagi

Czasem wydaje nam się, że nie warto ryzykować, przekraczać granic i opuszczać dobrze znanych rejonów. Jest też druga strona medalu. Dzięki odwadze mamy wpływ na własne życie, czujemy, że żyjemy, nie jesteśmy bezwolni i bezmyślni, wyrastamy ponad przeciętność i przyjmowaną przez większość konserwatywną, zachowawczą postawę. Ludzie odważni zazwyczaj lepiej umieją sobie radzić z problemami. Wiedzą, dokąd zmierzają, a wiedza ta jest naturalnym paliwem dla odwagi. Wiele osób, które wychowywały się w skromnych warunkach, już w wieku kilkunastu lat dobrze wie, czego nie chce – nie chce żyć w biedzie. Jest to dobry punkt wyjścia do zdobycia wiedzy o tym, czego się pragnie – w tym przypadku jest to bezpieczeństwo, także finansowe.

Ja również wychowywałem się w skromnym domu i właśnie dzięki temu, że zawsze wiedziałem, czego chcę, mam odwagę po to sięgać. Być może ktoś wzrastający w dostatku nie ma tej świadomości i brakuje mu odwagi w dorosłym życiu. U mnie taka postawa ujawniła się, gdy jako młody człowiek zajmowałem się biznesem związanym z systemem kart rabatowych. Miło wspominam swój zapał i wiarę w to, że jestem w stanie zrealizować swoje cele. W ciągu 3 lat niemal w stu procentach zrealizowałem wspólnie z zespołem 14 pracowników cele, jakie postawiłem swojej firmie. Miałem wówczas zaledwie 23 lata.

Dzięki odwadze stawiamy czoła plotkom i oszczerstwom, przekraczamy granice i łamiemy konwencje; mamy pewność, że to, co robimy, jest właściwe i pożyteczne. Człowiek odważny planuje śmiałe posunięcia, zachowuje właściwy osąd ludzi i sytuacji, potrafi ufać innym i wspiera ich rozwój, myśli pozytywnie i wierzy w realizację zamierzeń.

☼

Rozdział 5

Przeszkody do pokonania

Zdarza się, że choć bardzo chcielibyśmy postępować odważnie, coś nas blokuje – czasem są to irracjonalne obawy, a czasem zniechęcający wpływ otoczenia. W takim przypadku kształtowanie odważnej postawy należy zacząć od drobnych codziennych spraw. Odwagi uczymy się już w dzieciństwie. Czasami rodzice, karząc i określając granice wedle własnych, często mylnych przekonań albo okazując zbytnią opiekuńczość, skutecznie hamują rozwój odważnej postawy u dziecka. Ojciec, który codziennie po powrocie z pracy narzeka na swojego szefa, jest sfrustrowany i zniechęcony, czuje się zmuszany do wykonywania jakichś zadań, bo przecież „trzeba wyżywić rodzinę", nie może być dobrym wzorem dla dziecka, które nie rozumie, dlaczego jego rodzic po prostu nie rzuci znienawidzonego zajęcia. Taką postawą uczy dziecko, że należy się godzić z najgorszą nawet rzeczywistością. Świadomy rodzic zauważa u swojej pociechy zalążki odwagi, pielęgnuje je i nigdy nie tłamsi tej pięknej cechy. W rozwoju odważnej postawy przeszkadza także paraliżujący myślenie irracjonalny lęk, który często sami w sobie podsycamy, karmiąc się szkodliwymi treściami. Aby pokonać te przeszkody, można przeprowadzić wewnętrzny dialog i zidentyfikować źródła swoich problemów.

Zastanówmy się, czym dla nas jest odwaga, jak ją definiujemy. Może pojęcie to budzi w nas negatywne skojarzenia? Może sądzimy, że jest tym samym, co tupet? Proponuję poznanie własnych osądów na ten temat i próbę ich zmiany. Lekarstwem na lęk może być także wiedza i odpowiednie przygotowanie do zadań, które przed nami stoją. Ważne jest, aby nie wpaść w przesadę – nie mylmy odwagi z brawurą czy ze zwykłą głupotą.

Cecha ta nabiera szczególnego znaczenia, gdy traktujemy ją jako gotowość do przeciwstawienia się presji środowiska. Człowiek odważny po pokonaniu lęków wewnętrznych musi sprostać także tym zewnętrznym, bo działając wbrew utartym schematom, naraża się na nieprzychylne opinie, złośliwości, a w skrajnych przypadkach nawet na otwartą wrogość. Ludzie pozbawieni odwagi zazwyczaj zazdroszczą tego przymiotu innym. Jest to cecha, która co prawda naraża nas na nieprzyjemne zdarzenia i odsłania na ciosy, ale daje także niezwykle satysfakcjonujące poczucie, że jesteśmy kowalami własnego losu.

Częstą przeszkodą na drodze do bycia odważnym jest lęk przed nowym i nieznanym. Zmiany nie muszą jednak wiązać się z jakimś konkretnie wyrażonym ryzykiem, pojmowanym jako niebezpieczeństwo doznania bezpośrednich szkód. To naturalne, że obawiamy się zmiany, ponieważ wytrąca nas ona ze starych, dobrze znanych torów i nie wiemy, co przyniesie jutro. Tym bardziej nie możemy ocenić, czy będzie dla nas czymś dobrym, czy złym.

Przeprowadzka do innego miasta, nowa praca, decyzja o małżeństwie, narodziny dziecka

– to sytuacje, kiedy w życiu człowieka zachodzą bardzo poważne zmiany. Lęk przed nimi jest powszechny, ponieważ naruszają one budowany misternie, nieraz przez długie lata, system codziennego życia. W takiej sytuacji znalazł się bohater popularnej książki Spencera Johnsona *Kto zabrał mój ser?* (Studio Emka, Warszawa 2000). Zastałek nie przyjmuje do wiadomości faktu, że życie to cykl nieustannych zmian, do których człowiek musi się odpowiednio przygotować. Naiwne przekonanie, że w naszym ciągle przeobrażającym się świecie może istnieć ostoja, której zmiany się nie imają – nasza praca, dom i rodzina – prędzej czy później zostanie brutalnie zweryfikowane przez rzeczywistość. Trzeba mieć odwagę, by przyznać, że nic nie jest dane raz na zawsze, że trzeba nieustannie poszukiwać, zadawać pytania, reagować na czynniki zewnętrzne.

Starożytni chińscy mędrcy ze szkoły taoistycznej nauczali, że jedyną niezmienną prawdą rządzącą światem jest ta, iż wszystko nieustannie podlega zmianie. Zmiana jest wpisana w nasz świat, podlega jej wszystko i wszyscy. Spróbujcie dwa razy wejść do tej samej rzeki! To niemożliwe, bo płynie nią inna już woda, co zauważył Heraklit z Efezu.

Rozdział 6

Ludzie odważni

Współczesnym przykładem człowieka odważnego jest polski polityk **Lech Wałęsa**. Było on przywódcą ruchu opozycyjnego, który doprowadził do upadku komunizmu w Polsce.

Wałęsa miał odwagę walczyć o wolność całego narodu, mimo że doskonale zdawał sobie sprawę, iż za swoją działalność może ponieść najsurowszą karę: zostać uwięzionym, a nawet zginąć z rąk przedstawicieli ówczesnych władz. Dzięki swoim bohaterskim czynom zyskał światową sławę i otrzymał Pokojową Nagrodę Nobla oraz wiele innych prestiżowych wyróżnień.

Kolejną odważną osobą jest Polka **Irena Sendlerowa**, która w czasie II wojny światowej uratowała około 2,5 tysiąca żydowskich dzieci. Sendlerowa zaczęła pomagać Żydom na długo przed powstaniem warszawskiego getta. Potem organizowała przemyt dzieci z getta, umieszczając je w przybranych rodzinach, domach dziecka i u sióstr franciszkanek.

Za swoją działalność została aresztowana przez Gestapo, torturowano ją i skazano na śmierć. Udało się jednak przekupić niemieckich strażników i została uratowana. Po wyjściu z więzienia nadal poświęcała się ratowaniu żydowskich dzieci. Niestety, nie mogła cieszyć się uznaniem i wdzięcznością współczesnych, bo przez lata mało kto wiedział o jej bohaterskich czynach. W jej własnym kraju zaczęto ją doceniać dopiero w pierwszych latach XXI wieku – otrzymała wówczas wiele odznaczeń i wyróżnień, podjęto również inicjatywę, by zgłosić jej kandydaturę do Pokojowej Nagrody Nobla. Irena Sendlerowa nie doczekała wyników tych starań, zmarła w 2008 roku.

Chcę teraz przytoczyć historię człowieka, o którym słyszałem od znajomego dyrektora dużej firmy ubezpieczeniowej. Był on mechanikiem samochodowym, ale chciał zmienić coś w swoim życiu i postanowił zostać agentem ubezpieczeniowym. Na szkoleniu dowiedział się, że aby skutecznie sprzedawać polisy, powinien zrobić listę potencjalnych nabywców. Wykonał to zadanie i przed każdą rozmową z osobą z listy starał się poznać jej dokonania. Podczas spotkania, korzystając ze zdobytych informacji, wspominał o jakimś osiągnięciu swojego rozmówcy i dopytywał o szczegóły. Zdobywał tym przychylność i zaufanie potencjalnych klientów. W ciągu roku ubezpieczył na duże kwoty kilkudziesięciu ludzi. Udało mu się to osiągnąć dzięki wielkiej odwadze, która pozwoliła mu po pierwsze wyjść z warsztatu samochodowego i rozpocząć karierę w zupełnie nowej dziedzinie, a po drugie dała mu na tyle mocną wiarę w siebie, że potrafił przygotować własną dobrą ofertę i zyskać wielu klientów.

Rozdział 7

Jak znaleźć w sobie odwagę?

Postępowanie ludzi odważnych często oceniane jest jako irracjonalne. Jednak w rzeczywistości posiadają oni dogłębną wiedzę na dany temat, niezachwianą wiarę i intuicję.

Budowanie własnej odwagi to ważny proces. Aby być odważnym, należy najpierw dobrze poznać siebie, swoje silne i słabe strony, swój potencjał. Ważne jest, by nie porównywać się z innymi, ale stale rozwijać poczucie własnej wartości. Każdy z nas jest indywidualnością i powinien pracować nad sobą, biorąc pod uwagę swoje unikalne cechy.

Pracę nad odwagą należy zacząć od zadania sobie pytania: jaki stopień odwagi teraz prezentuję? Jeśli dojdziemy do wniosku, że mamy w tym zakresie lekcję do odrobienia, zadajmy sobie kolejne pytanie, tym razem o powody, dla których nie wykazujemy tak dużej odwagi, na jaką nas stać. Odkryjmy, co nam w tym przeszkadza, co nas blokuje. Zapamiętajmy wnioski i odpowiedzi.

Drugim krokiem jest postanowienie, że jesteśmy gotowi poświęcić czas, pracę i energię na zgłębianie nowych dziedzin, zdobywanie wiedzy, rozwijanie pasji. Dzięki temu zyskamy wiarę i przekonanie, a w efekcie – odwagę.

Aby być odważnym, trzeba tego chcieć. Konieczne jest podjęcie takiej decyzji i ułożenie planu działania. Potrzebne jest także zaufanie do samego siebie, wspomagane przez entuzjazm i wytrwałość. Odwadze towarzyszy też pozytywne myślenie, które redukuje lęki i napięcia, pozwala skupić się na możliwościach i jak najlepszych rozwiązaniach. Koncentrując się tylko na problemach, żyjemy w stresie, pełni obaw, które nas zżerają i hamują działanie. Jeśli jesteśmy nastawieni pozytywnie, nawet porażki i niepowodzenia nie są w stanie nas dotknąć, bo traktujemy je po prostu jako naukę.

Jak napisałem, odwaga rodzi się dzięki obserwacji, analizie wydarzeń, wiedzy i doświadczeniu. Zanim przystąpimy do działania, powinniśmy zebrać tyle informacji, ile tylko się uda. Poświęcenie czasu na analizy i obserwacje przyniesie pewność, że to, co robimy, jest słuszne. **Kartezjusz**, jeden z wybitnych nowożytnych myślicieli, którzy ukształtowali nasz sposób postrzegania i rozumienia świata, zalecał stosowanie prostej metody poszukiwania prawdy. Zachęcał, aby nie brać niczego na wiarę, nie akceptować, dopóki nie będzie to dla nas jasne, wyraźne i oczywiste. Gdy pragniemy podjąć decyzję, musimy głęboko przeanalizować dany problem, rozłożyć go na proste elementy, co do których nie będziemy mieli żadnych wątpliwości. Następnie spróbujmy przejść do bardziej złożonych zagadnień, aż znajdziemy rozwiązanie. Naturalnym zakończeniem tych rozważań powinno być sprawdzenie, czy po drodze nie popełniliśmy błędu. Jeżeli wynik jest dla nas jasny, wyraźny i oczywisty – znaleźliśmy właściwe rozwiązanie, odkryliśmy naszą prawdę![1]

Moim zdaniem, przemyślenia Kartezjusza są bezcenne, a pochylenie się nad nimi wniesie do naszej analizy głębię i, mam nadzieję, skłoni do kultywowania szlachetnej odwagi.

Wiele zyskamy rozmawiając i przebywając z odważnymi ludźmi, czytając ich biografie – warto brać z nich przykład, czerpać inspirację z ich dokonań. Zdobywanie informacji, poszukiwanie ukrytych wiadomości, szperanie w antykwariatach, surfowanie po Internecie, odwiedzanie kluczowych dla naszego zagadnienia miejsc, prowadzenie wywiadów i, co najważniejsze, przesiewanie ziaren od plew, analizowanie, myślenie, kojarzenie faktów, słuchanie samego siebie, zapisywanie wniosków w specjalnie do tego celu założonym zeszycie – oto środki do budzenia w sobie odwagi i determinacji. To jest droga do odkrywania, jakimi cu-

---

[1] O tej metodzie możesz przeczytać w: Kartezjusz, *Rozprawa o metodzie właściwego kierowania rozumem i poszukiwania prawdy w naukach*, Warszawa 1980.

downymi ludźmi jesteśmy. W ten sposób na własnym przykładzie możemy zobaczyć, jak rodzi się cecha, która w dużym stopniu odpowiada za jakość naszego życia. Wchodźmy głęboko w tematy, które nas pociągają, nie ustawajmy w zdobywaniu specjalistycznej wiedzy, która przerodzi się w silne przekonanie. Przede wszystkim należy zacząć działać – postawić przed sobą cele, początkowo łatwiejsze, potem coraz trudniejsze, i osiągać je, czerpiąc radość z sukcesów.

Właśnie takiego uczucia doświadczył słynny **Spartakus**, który wszczął bunt w szkole gladiatorów i szybko stał się wielkim zagrożeniem dla Rzymian. Zorganizował wokół siebie tysiące oswobodzonych niewolników i prowadził ich ku lepszemu życiu, życiu wolnych ludzi. Lekarstwem na strach jest działanie, a jego postawa potwierdza tę zasadę. Spartakus karmił swoją odwagę czynem. Najpierw przeciwstawił się przełożonemu, potem stał się świadkiem odwagi innego gladiatora, który wolał zginąć, niż zabić Spartakusa w walce zorganizowanej ku uciesze bogatego Rzymianina. Działanie wyzwala w nas niespożyte siły psychiczne, rodzi wiarę, która cementuje nasze przekonania. Podejmując wyzwania, zmagając się z przeciwnościami, dowiadujemy się o sobie tego, co do tej pory było ukryte. Odkrywamy tkwiący w nas potencjał i zdajemy sobie sprawę, że możemy mieć wpływ na własne życie.

Warto być odważnymi, nawet jeśli czasem czujemy się niezrozumiani i nie możemy liczyć na poparcie. Dlaczego? Bo dzięki odwadze można stać się dobrym liderem, dobrym małżonkiem, dobrym rodzicem czy przyjacielem. Przekonałem się, że odwaga przynosi umiejętność mówienia ludziom prawdy, pozwala czasem ich skorygować, służyć radą i jak najczęściej chwalić. Dzięki odwadze nauczymy się rozwiązywać problemy, stawiać im czoła. Stojąc twarzą pod wiatr, widzimy więcej niż ci, którzy ustawiają się do wiatru plecami. Kłopoty wydają się wtedy mniejsze, a gdy je skutecznie rozwiązujemy, bardziej ufamy samemu siebie.

Najwięksi wrogowie odwagi to lenistwo umysłowe, bierność, brak planowania i niskie poczucie własnej wartości.

Co możesz zapamiętać? ☺

1. Odwaga to świadoma i zdecydowana postawa wobec życia. Ludzie odważni realizują swoje marzenia i osiągają cele.
2. Odwaga rodzi się dzięki specjalistycznej, głębokiej wiedzy na dany temat, dającej silne przekonanie i wiarę w swoje racje.
3. Przeszkodami na drodze do rozwinięcia odwagi są irracjonalne przekonania, zniechęcający wpływ otoczenia, strach i lęk.
4. Skorzystaj z przestawionych historii ludzi odważnych. Wzoruj się na nich lub poszukaj własnych przykładów.
5. Aby zyskać odwagę, trzeba najpierw zdobyć dogłębną wiedzę na dany temat, gruntownie poznać siebie i swój potencjał, podjąć stanowczą decyzję, poświęcić czas i energię na rozbudzenie w sobie tej cechy.

Bibliografia

Albright M., Carr C., *Największe błędy menedżerów*, Warszawa 1997.
Allen B.D., Allen W.D., *Formuła 2+2. Skuteczny coaching*, Warszawa 2006.
Anderson Ch., *Za darmo: przyszłość najbardziej radykalnej z cen*, Kraków 2011.
Anthony R., *Pełna wiara w siebie*, Warszawa 2005.
Ariely D., *Zalety irracjonalności. Korzyści z postępowania wbrew logice w domu i pracy*, Wrocław 2010.
Bates W.H., *Naturalne leczenie wzroku bez okularów*, Katowice 2011.
Bettger F., *Jak umiejętnie sprzedawać i zwielokrotnić dochody*, Warszawa 1995.
Blanchard K., Johnson S., *Jednominutowy menedżer*, Konstancin-Jeziorna 1995.
Blanchard K., O'Connor M., *Zarządzanie poprzez wartości*, Warszawa 1998.
Bogacka A.W., *Zdrowie na talerzu*, Białystok 2008.
Bollier D., *Mierzyć wyżej. Historie 25 firm, które osiąg-

nęły sukces, łącząc skuteczne zarządzanie z realizacją misji społecznych, Warszawa 1999.

Bond W.J., *199 sytuacji, w których tracimy czas, i jak ich uniknąć*, Gdańsk 1995.

Bono E. de, *Dziecko w szkole kreatywnego myślenia*, Gliwice 2010.

Bono E. de, *Sześć kapeluszy myślowych*, Gliwice 2007.

Bono E. de, *Sześć ram myślowych*, Gliwice 2009.

Bono E. de, *Wodna logika. Wypłyń na szerokie wody kreatywności*, Gliwice 2011.

Bossidy L., Charan R., *Realizacja. Zasady wprowadzania planów w życie*, Warszawa 2003.

Branden N., *Sześć filarów poczucia własnej wartości*, Łódź 2010.

Branson R., *Zaryzykuj – zrób to! Lekcje życia*, Warszawa-Wesoła 2012.

Brothers J., Eagan E, *Pamięć doskonała w 10 dni*, Warszawa 2000.

Buckingham M., *To jedno, co powinieneś wiedzieć... o świetnym zarządzaniu, wybitnym przywództwie i trwałym sukcesie osobistym*, Warszawa 2006.

Buckingham M., *Wykorzystaj swoje silne strony. Użyj dźwigni swojego talentu*, Waszawa 2010

Buckingham M., Clifton D.O., *Teraz odkryj swoje silne strony*, Warszawa 2003.

Butler E., Pirie M., *Jak podwyższyć swój iloraz inteligencji?*, Gdańsk 1995.
Buzan T., *Mapy myśli*, Łódź 2008.
Buzan T., *Pamięć na zawołanie*, Łódź 1999.
Buzan T., *Podręcznik szybkiego czytania*, Łódź 2003.
Buzan T., *Potęga umysłu. Jak zyskać sprawność fizyczną i umysłową: związek umysłu i ciała*, Warszawa 2003.
Buzan T., Dottino T., Israel R., *Zwykli ludzie – liderzy. Jak maksymalnie wykorzystać kreatywność pracowników*, Warszawa 2008.
Carnegie D., *I ty możesz być liderem*, Warszawa 1995.
Carnegie D., *Jak przestać się martwić i zacząć żyć*, Warszawa 2011.
Carnegie D., *Jak zdobyć przyjaciół i zjednać sobie ludzi*, Warszawa 2011.
Carnegie D., *Po szczeblach słowa. Jak stać się doskonałym mówcą i rozmówcą*, Warszawa 2009.
Carnegie D., Crom M., Crom J.O., *Szkoła biznesu. O pozyskiwaniu klientów na zawsze*, Waszrszawa 2003
Cialdini R., *Wywieranie wpływu na ludzi*, Gdańsk 1998.
Clegg B., *Przyspieszony kurs rozwoju osobistego*, Warszawa 2002.
Cofer C.N., Appley M.H., *Motywacja: teoria i badania*, Warszawa 1972.

Cohen H., *Wszystko możesz wynegocjować. Jak osiągnąć to, co chcesz*, Warszawa 1997. r Covey S.R., 3. rozwiązanie, Poznań 2012.
Covey S.R., *7 nawyków skutecznego działania*, Poznań 2007.
Covey S.R., *8. nawyk*, Poznań 2006.
Covey S.R., Merrill A.R., Merrill R.R., *Najpierw rzeczy najważniejsze*, Warszawa 2007.
Craig M., *50 najlepszych (i najgorszych) interesów w historii biznesu*, Warszawa 2002.
Csikszentmihalyi M., *Przepływ: psychologia optymalnego doświadczenia*, Wrocław 2005
Davis R.C., Lindsmith B., *Ludzie renesansu: umysły, które ukształtowały erę nowożytną*, Poznań 2012
Davis R.D., Braun E.M., *Dar dysleksji. Dlaczego niektórzy zdolni ludzie nie umieją czytać i jak mogą się nauczyć*, Poznań 2001.
Dearlove D., *Biznes w stylu Richarda Bransona. 10 tajemnic twórcy megamarki*, Gdańsk 2009.
DeVos D., *Podstawy wolności. Wartości decydujące o sukcesie jednostek i społeczeństw*, Konstancin-Jeziorna 1998.
DeVos R.M., Conn Ch.P., *Uwierz! Credo człowieka czynu, współzałożyciela Amway Corporation, hołdującego zasadom, które uczyniły Amerykę wielką*, Warszawa 1994.

Dixit A.K., Nalebuff B.J., *Myślenie strategiczne. Jak zapewnić sobie przewagę w biznesie, polityce i życiu prywatnym*, Gliwice 2009.

Dixit A.K., Nalebuff B.J., *Sztuka strategii. Teoria gier w biznesie i życiu prywatnym*, Warszawa 2009.

Dobson J., *Jak budować poczucie wartości w swoim dziecku*, Lublin 1993.

Doskonalenie strategii (seria *Harvard Bussines Review*), praca zbiorowa, Gliwice 2006.

Dryden G., Vos J., *Rewolucja w uczeniu*, Poznań 2000.

Dyer W.W., *Kieruj swoim życiem*, Warszawa 2012.

Dyer W.W., *Pokochaj siebie*, Warszawa 2008.

Edelman R.C., Hiltabiddle T.R., Manz Ch.C., *Syndrom miłego człowieka*, Gliwice 2010.

Eichelberger W., Forthomme P., Nail F., *Quest. Twoja droga do sukcesu. Nie ma prostych recept na sukces, ale są recepty skuteczne*, Warszawa 2008.

Enkelmann N.B., *Biznes i motywacja*, Łódź 1997.

Eysenck H. i M., *Podpatrywanie umysłu. Dlaczego ludzie zachowują się tak, jak się zachowują?*, Gdańsk 1996.

Ferriss T., *4-godzinny tydzień pracy. Nie bądź płatnym niewolnikiem od 7.00 do 17.00*, Warszawa 2009.

Flexner J.T., Waschington. *Człowiek niezastąpiony*, Warszawa 1990.

Forward S., Frazier D., *Szantaż emocjonalny: jak obronić się przed manipulacją i wykorzystaniem*, Gdańsk 2011.

Frankl V.E., *Człowiek w poszukiwaniu sensu*, Warszawa 2009.

Fraser J.F., *Jak Ameryka pracuje*, Przemyśl 1910.

Freud Z., *Wstęp do psychoanalizy*, Warszawa 1994.

Fromm E., *Mieć czy być*, Poznań 2009.

Fromm E., *Niech się stanie człowiek. Z psychologii etyki*, Warszawa 2005.

Fromm E., *O sztuce miłości*, Poznań 2002.

Fromm E., *O sztuce słuchania. Terapeutyczne aspekty psychoanalizy*, Warszawa 2002.

Fromm E., *Serce człowieka. Jego niezwykła zdolność do dobra i zła*, Warszawa 2000.

Fromm E., *Ucieczka od wolności*, Warszawa 2001.

Fromm E., *Zerwać okowy iluzji*, Poznań 2000.

Galloway D., *Sztuka samodyscypliny*, Warszawa 1997.

Gardner H., *Inteligencje wielorakie – teoria w praktyce*, Poznań 2002.

Gawande A., *Potęga checklisty: jak opanować chaos i zyskać swobodę w działaniu*, Kraków 2012.

Gelb M.J., *Leonardo da Vinci odkodowany*, Poznań 2005.

Gelb M.J., Miller Caldicott S., *Myśleć jak Edison*, Poznań 2010.

Gelb M.J., *Myśleć jak geniusz*, Poznań 2004.

Gelb M.J., *Myśleć jak Leonardo da Vinci*, Poznań 2001.

Giblin L., *Umiejętność postępowania z innymi...*, Kraków 1993.

Girard J., Casemore R., *Pokonać drogę na szczyt*, Warszawa 1996.
Glass L., *Toksyczni ludzie*, Poznań 1998.
Godlewska M., *Jak pokonałam raka*, Białystok 2011.
Godwin M., *Kim jestem? 101 dróg do odkrycia siebie*, Warszawa 2001.
Goleman D., *Inteligencja emocjonalna*, Poznań 2002.
Gordon T., *Wychowywanie bez porażek szefów, liderów, przywódców*, Warszawa 1996.
Gorman T., *Droga do skutecznych działań. Motywacja*, Gliwice 2009.
Gorman T., *Droga do wzrostu zysków. Innowacja*, Gliwice 2009.
Greenberg H., Sweeney P., *Jak odnieść sukces i rozwinąć swój potencjał*, Warszawa 2007.
Habeler P., Steinbach K., *Celem jest szczyt*, Warszawa 2011.
Hamel G., Prahalad C.K., *Przewaga konkurencyjna jutra*, Warszawa 1999.
Hamlin S., *Jak mówić, żeby nas słuchali*, Poznań 2008.
Hill N., *Klucze do sukcesu*, Warszawa 1998.
Hill N., *Magiczna drabina do sukcesu*, Warszawa 2007.
Hill N., *Myśl!... i bogać się. Podręcznik człowieka interesu*, Warszawa 2012.
Hill N., *Początek wielkiej kariery*, Gliwice 2009.
Ingram D.B., Parks J.A., *Etyka dla żółtodziobów, czyli wszystko, co powinieneś wiedzieć o...*, Poznań 2003.

Jagiełło J., Zuziak W. [red.], *Człowiek wobec wartości*, Kraków 2006.

James W., *Pragmatyzm*, Warszawa 2009.

Jamruszkiewicz J., *Kurs szybkiego czytania*, Chorzów 2002.

Johnson S., *Tak czy nie. Jak podejmować dobre decyzje*, Konstancin-Jeziorna 1995.

Jones Ch., *Życie jest fascynujące*, Konstancin-Jeziorna 1993.

Kanter R.M., *Wiara w siebie. Jak zaczynają się i kończą dobre i złe passy*, Warszawa 2006.

Keller H., *Historia mojego życia*, Warszawa 1978.

Kirschner J., *Zwycięstwo bez walki. Strategie przeciw agresji*, Gliwice 2008.

Koch R., *Zasada 80/20. Lepsze efekty mniejszym nakładem sił i środków*, Konstancin--Jeziorna 1998.

Kopmeyer M.R., *Praktyczne metody osiągania sukcesu*, Warszawa 1994.

Ksenofont, *Cyrus Wielki. Sztuka zwyciężania*, Warszawa 2008.

Kuba A., Hausman J., *Dzieje samochodu*, Warszawa 1973.

Kumaniecki K., *Historia kultury starożytnej Grecji i Rzymu*, Warszawa 1964.

Lamont G., *Jak podnieść pewność siebie*, Łódź 2008.

Leigh A., Maynard M., *Lider doskonały*, Poznań 1999.

Littauer F., *Osobowość plus*, Warszawa 2007.

Loreau D., *Sztuka prostoty*, Warszawa 2009.
Lott L., Intner R., Mendenhall B., *Autoterapia dla każdego. Spróbuj w osiem tygodni zmienić swoje życie*, Warszawa 2006.
Maige Ch., Muller J.-L., *Walka z czasem. Atut strategiczny przedsiębiorstwa*, Warszawa 1995.
Mansfield P., *Jak być asertywnym*, Poznań 1994.
Martin R., *Niepokorny umysł. Poznaj klucz do myślenia zintegrowanego*, Gliwice 2009.
Maslow A., *Motywacja i osobowość*, Warszawa 2009.
Matusewicz Cz., *Wprowadzenie do psychologii*, Warszawa 2011.
Maxwell J.C., *21 cech skutecznego lidera*, Warszawa 2012.
Maxwell J.C., *Tworzyć liderów, czyli jak wprowadzać innych na drogę sukcesu*, Konstancin-Jeziorna 1997.
Maxwell J.C., *Wszyscy się komunikują, niewielu potrafi się porozumieć*, Warszawa 2011.
McCormack M.H., *O zarządzaniu*, Warszawa 1998.
McElroy K., *Jak inwestować w nieruchomości. Znajdź ukryte zyski, których większość inwestorów nie dostrzega*, Osielsko 2008.
McGee P., *Pewność siebie. Jak mała zmiana może zrobić wielką różnicę*, Gliwice 2011.
McGrath H., Edwards H., *Trudne osobowości. Jak radzić sobie ze szkodliwymi zachowaniami innych oraz własnymi*, Poznań 2010.

Mellody P., Miller A.W., Miller J.K., *Toksyczna miłość i jak się z niej wyzwolić*, Warszawa 2013.

Melody B., *Koniec współuzależnienia*, Poznań 2002.

Miller M., *Style myślenia*, Poznań 2000.

Mingotaud F., *Sprawny kierownik. Techniki osiągania sukcesów*, Warszawa 1994.

MJ DeMarco, *Fastlane milionera*, Katowice 2012.

Morgenstern J., *Jak być doskonale zorganizowanym*, Warszawa 2000.

Nay W.R., *Związek bez gniewu. Jak przerwać błędne koło kłótni, dąsów i cichych dni*, Warszawa 2011.

Nierenberg G.I., *Ekspert. Czy nim jesteś?*, Warszawa 2001.

Ogger G., *Geniusze i spekulanci, Jak rodził się kapitalizm*, Warszawa 1993.

Osho, *Księga zrozumienia. Własna droga do wolności*, Warszawa 2009.

Parkinson C.N., *Prawo pani Parkinson*, Warszawa 1970.

Peale N.V., *Entuzjazm zmienia wszystko. Jak stać się zwycięzcą*, Warszawa 1996.

Peale N.V., *Możesz, jeśli myślisz, że możesz*, Warszawa 2005.

Peale N.V., *Rozbudź w sobie twórczy potencjał*, Warszawa 1997.

Peale N.V., *Uwierz i zwyciężaj. Jak zaufać swoim myślom i poczuć pewność siebie*, Warszawa 1999.

Pietrasiński Z., *Psychologia sprawnego myślenia*, Warszawa 1959.
Pilikowski J., *Podróż w świat etyki*, Kraków 2010.
Pink D.H., *Drive*, Warszawa 2011.
Pirożyński M., *Kształcenie charakteru*, Poznań 1999.
Pismo Święte Starego i Nowego Testamentu. Biblia Tysiąclecia, Warszawa 2002.
Pismo Święte w Przekładzie Nowego Świata, 1997.
Popielski K., *Psychologia egzystencji. Wartości w życiu*, Lublin 2009.
Poznaj swoją osobowość, Bielsko-Biała 1996.
Przemieniecki J., *Psychologia jednostki. Odkoduj szyfr do swego umysłu*, Warszawa 2008.
Pszczołowski T., *Umiejętność przekonywania i dyskusji*, Gdańsk 1998.
Reiman T., *Potęga perswazyjnej komunikacji*, Gliwice 2011.
Robbins A., *Nasza moc bez granic. Skuteczna metoda osiągania życiowych sukcesów za pomocą NLP*, Konstancin-Jeziorna 2009.
Robbins A., *Obudź w sobie olbrzyma... i miej wpływ na całe swoje życie – od zaraz*, Poznań 2002.
Robbins A., *Olbrzymie kroki*, Warszawa 2001.
Robert M., *Nowe myślenie strategiczne: czyste i proste*, Warszawa 2006.
Robinson J.W., *Imperium wolności. Historia Amway Corporation*, Warszawa 1997.

Rose C., Nicholl M.J., *Ucz się szybciej, na miarę XXI wieku*, Warszawa 2003.
Rose N., *Winston Churchill. Życie pod prąd*, Warszawa 1996.
Rychter W., *Dzieje samochodu*, Warszawa 1962.
Ryżak Z., *Zarządzanie energią kluczem do sukcesu*, Warszawa 2008.
Savater F., *Etyka dla syna*, Warszawa 1996.
Schäfer B., *Droga do finansowej wolności. Pierwszy milion w ciągu siedmiu lat*, Warszawa 2011.
Schäfer B., *Zasady zwycięzców*, Warszawa 2007.
Scherman J.R., *Jak skończyć z odwlekaniem i działać skutecznie*, Warszawa 1995.
Schuller R.H., *Ciężkie czasy przemijają, bądź silny i przetrwaj je*, Warszawa 1996.
Schwalbe B., Schwalbe H., Zander E., *Rozwijanie osobowości. Jak zostać sprzedawcą doskonałym*, tom 2, Warszawa 1994.
Schwartz D.J., *Magia myślenia kategoriami sukcesu*, Konstancin-Jeziorna 1994.
Schwartz D.J., *Magia myślenia na wielką skalę. Jak zaprząc duszę i umysł do wielkich osiągnięć*, Warszawa 2008.
Scott S.K., *Notatnik milionera. Jak zwykli ludzie mogą osiągać niezwykłe sukcesy*, Warszawa 1997.
Sedlak K. [red.], *Jak poszukiwać i zjednywać najlepszych pracowników*, Kraków 1995.

Seiwert L.J., *Jak organizować czas*, Warszawa 1998.
Seligman M.E.P., *Co możesz zmienić, a czego nie możesz*, Poznań 1995.
Seligman M.E.P., *Pełnia życia*, Poznań 2011.
Seneka, *Myśli*, Kraków 1989.
Sewell C., Brown P.B., *Klient na całe życie, czyli jak przypadkowego klienta zmienić w wiernego entuzjastę naszych usług*, Warszawa 1992.
Słownik pisarzy antycznych, Warszawa 1982.
Smith A., *Umysł*, Warszawa 1989.
Spector R., *Amazon.com. Historia przedsiębiorstwa, które stworzyło nowy model biznesu*, Warszawa 2000.
Spence G., *Jak skutecznie przekonywać... wszędzie i każdego dnia*, Poznań 2001.
Sprenger R.K., *Zaufanie # 1*, Warszawa 2011.
Staff L., *Michał Anioł*, Warszawa 1990.
Stone D.C., *Podążaj za swymi marzeniami*, Konstancin-Jeziorna 1998.
Swiet J., *Kolumb*, Warszawa 1979.
Szurawski M., *Pamięć. Trening interaktywny*, Łódź 2004.
Szyszkowska M., *W poszukiwaniu sensu życia*, Warszawa 1997.
Tatarkiewicz W., *O szczęściu*, Warszawa 1979.
Tavris C., Aronson E., *Błądzą wszyscy (ale nie ja)*, Sopot-Warszawa 2008.

Tracy B., *Milionerzy z wyboru. 21 tajemnic sukcesu*, Warszawa 2002.

Tracy B., *Plan lotu. Prawdziwy sekret sukcesu*, Warszawa 2008.

Tracy B., Scheelen F.M., *Osobowość lidera*, Warszawa 2001.

Tracy B., *Sztuka zatrudniania najlepszych. 21 praktycznych i sprawdzonych technik do wykorzystania od zaraz*, Warszawa 2006.

Tracy B., *Turbostrategia. 21 skutecznych sposobów na przekształcenie firmy i szybkie zwiększenie zysków*, Warszawa 2004.

Tracy B., *Zarabiaj więcej i awansuj szybciej. 21 sposobów na przyspieszenie kariery*, Warszawa 2007.

Tracy B., *Zarządzanie czasem*, Warszawa 2008.

Tracy B., *Zjedz tę żabę. 21 metod podnoszenia wydajności w pracy i zwalczania skłonności do zwlekania*, Warszawa 2005.

Twentier J.D., *Sztuka chwalenia ludzi*, Warszawa 1998.

Urban H., *Moc pozytywnych słów*, Warszawa 2012.

Ury W., *Odchodząc od nie. Negocjowanie od konfrontacji do kooperacji*, Warszawa 2000.

Vitale J., Klucz do sekretu. *Przyciągnij do siebie wszystko, czego pragniesz*, Gliwice 2009.

Waitley D., *Być najlepszym*, Warszawa 1998.

Waitley D., *Imperium umysłu*, Konstancin-Jeziorna 1997.

Waitley D., *Podwójne zwycięstwo*, Warszawa 1996.

Waitley D., *Sukces zależy od właściwego momentu*, Warszawa 1997.

Waitley D., Tucker R.B., *Gra o sukces. Jak zwyciężać w twórczej rywalizacji*, Warszawa 1996.

Walton S., Huey J., *Sam Walton. Made in America*, Warszawa 1994.

Waterhouse J., Minors D., Waterhouse M., *Twój zegar biologiczny. Jak żyć z nim w zgodzie*, Warszawa 1993.

Wegscheider-Cruse S., *Poczucie własnej wartości. Jak pokochać siebie*, Gdańsk 2007.

Wilson P., *Idealna równowaga. Jak znaleźć czas i sposób na pełnię życia*, Warszawa 2010.

Ziglar Z., *Do zobaczenia na szczycie*, Warszawa 1995.

Ziglar Z., *Droga na szczyt*, Konstancin-Jeziorna 1995.

Ziglar Z., *Ponad szczytem*, Warszawa 1995.

O autorze

Andrzej Moszczyński od 30 lat aktywnie zajmuje się działalnością biznesową. Jego główną kompetencją jest tworzenie skutecznych strategii dla konkretnych obszarów biznesu.

W latach 90. zdobywał doświadczenie w branży reklamowej – był prezesem i założycielem dwóch spółek z o.o. Zatrudniał w nich ponad 40 osób. Spółki te były liderami w swoich branżach, głównie w reklamie zewnętrznej – tranzytowej (reklamy na tramwajach, autobusach i samochodach). W 2001 r. przejęciem pakietów kontrolnych w tych spółkach zainteresowały się dwie firmy: amerykańska spółka giełdowa działająca w ponad 30 krajach, skupiająca się na reklamie radiowej i reklamie zewnętrznej oraz największy w Europie fundusz inwestycyjny. W 2003 r. Andrzej sprzedał udziały w tych spółkach inwestorom strategicznym.

W latach 2005-2015 był prezesem i założycielem spółki, która zajmowała się kompleksową komercjalizacją liderów rynku deweloperskiego (firma w sumie sprzedała ponad 1000 mieszkań oraz 350 apartamentów hotelowych w systemie condo).

W latach 2009-2018 był akcjonariuszem strategicznym oraz przewodniczącym rady nadzorczej fabryki urządzeń okrętowych Expom SA. Spółka ta zasięgiem działania obejmuje cały świat, dostarczając urządzenia (w tym dźwigi i żurawie) dla branży morskiej. W 2018 r. sprzedał pakiet swoich akcji inwestorowi branżowemu.

W 2014 r. utworzył w USA spółkę LLC, która działa w branży wydawniczej. W ciągu 14 lat (poczynając od 2005 r.) napisał w sumie 22 kieszonkowe poradniki z dziedziny rozwoju kompetencji miękkich – obszaru, który ma między innymi znaczenie strategiczne dla budowania wartości niematerialnych i prawnych przedsiębiorstw. Poradniki napisane przez Andrzeja koncentrują się na przekazaniu wiedzy o wartościach i rozwoju osobowości – czynnikach odpowiedzialnych za prowadzenie dobrego życia, bycie spełnionym i szczęśliwym.

Andrzej zdobywał wiedzę z dziedziny budowania wartości firm oraz tworzenia skutecznych strategii przy udziale następujących instytucji: Ernst & Young, Gallup Institute, PricewaterhauseCoopers (PwC) oraz Harward Business Review. Jego kompetencje można przyrównać do pracy **stroiciela instrumentu.**

Kiedy miał 7 lat, mama zabrała go do szkoły muzycznej, aby sprawdzić, czy ma talent. Przeszedł test pozytywnie – okazało się, że może rozpocząć edukację muzyczną. Z różnych powodów to nie nastąpiło. Często jednak w jego książkach czy wykładach można usłyszeć bądź przeczytać przykłady związane ze światem muzyki.

Dlaczego można przyrównać jego kompetencje do pracy stroiciela na przykład fortepianu? Stroiciel udoskonala fortepian, aby jego dźwięk był idealny. Każdy fortepian ma swój określony potencjał mierzony jakością dźwięku – dźwięku, który urzeka i wprowadza ludzi w stan relaksu, a może nawet pozytywnego ukojenia. Podobnie jak stroiciel Andrzej udoskonala różne procesy – szczególnie te, które dotyczą relacji z innymi ludźmi. Wierzy, że ludzie posiadają mechanizm psychologiczny, który można symbolicznie przyrównać do **mentalnego żyroskopu** czy **mentalnego noktowizora**. Rola Andrzeja polega na naprawieniu bądź wprowadzeniu w ruch tych „urządzeń".

Żyroskop jest urządzeniem, które niezależnie od komplikacji pokazuje określony kierunek. Tego typu urządzenie wykorzystywane jest na statkach i w samolotach. Andrzej jest przekonany, że rozwijanie **koncentracji i wyobraźni** prowadzi do włączenia naszego mentalnego żyroskopu. Dzięki temu możemy między innymi znajdować skuteczne rozwiązania skomplikowanych wyzwań.

Noktowizor to wyjątkowe urządzenie, które umożliwia widzenie w ciemności. Jest wykorzystywane przez wojsko, służby wywiadowcze czy myśliwych. Życie Andrzeja ukierunkowane jest na badanie tematu źródeł wewnętrznej motywacji – siły skłaniającej do działania, do przejawiania inicjatywy, do podejmowania wyzwań, do wchodzenia w obszary zupełnie nieznane. Andrzej ma przekonanie, że rozwijanie **poczucia własnej wartości** prowadzi do włączenia naszego mentalnego noktowizora. Bez optymalnego poczucia własnej wartości życie jest ciężarem.

W swojej pracy Andrzej koncentruje się na procesach podnoszących jakość następujących obszarów: właściwe interpretowanie zdarzeń, wyciąganie wniosków z analizy porażek oraz sukcesów, formułowanie właściwych pytań, a także korzystanie z wyobraźni w taki sposób, aby przewidywać swoją przyszłość, co łączy się bezpośrednio z umiejętnością strategicznego myślenia. Umiejętności te pomagają rozumieć mechanizmy wywierania wpływu przez inne osoby i umożliwiają niepoddawanie się wszechobecnej indoktrynacji. Kiedy mentalny noktowizor działa poprawnie, przekazuje w odpowiednim czasie sygnały ostrzegające, że ktoś posługuje się manipulacją, aby osiągnąć swoje cele.

Andrzej posiada również doświadczenie jako prelegent, co związane jest z jego zaangażowaniem w działania społeczne. W ostatnich 30 latach był zapraszany do udziału w różnych szkoleniach i seminariach, zgromadzeniach czy kongresach – w sumie jako mówca wystąpił ponad 700 razy. Jego przemówienia i wykłady znane są z inspirujących przykładów i zachęcających pytań, które mobilizują słuchaczy do działania.

Opinie o książce

Małe dziecko przychodzi na świat bez instrukcji obsługi, o czym boleśnie przekonują się kolejne pokolenia młodych rodziców. A jednak mimo tej pozornej przeszkody ludzkość była i jest w stanie poradzić sobie z tym wyzwaniem. Jak? Młodzi rodzice szybko uczą się – głównie metodą prób i błędów – jak zaspokajać potrzeby swojego dziecka. Rodzicielstwo to ciekawa mieszanka zaufania do własnej intuicji, pomocy bliskich i odwołania do wiedzy ekspertów. To nie stały zestaw umiejętności, które ujawniają się w chwili narodzin dziecka, lecz raczej proces nabywania nowych umiejętności dostosowanych do potrzeb i rozwoju własnych pociech.

Nie inaczej jest w przypadku rozpoznania swoich talentów i wykorzystania ich w codziennym życiu. Nie są to zdolności, jakie nabywa się po przeczytaniu jednej książki lub uczestniczeniu w weekendowych warsztatach, lecz raczej droga, na którą się wchodzi świadomie i którą podąża przez resztę życia. Wybierając się w podróż, zwykle pakujemy ze sobą przewodnik i mapę, dlatego też podczas podróży do własnego wnętrza także warto sięgnąć po jakiś przewodnik. Seria książek autorstwa Andrzeja Moszczyńskiego jest właśnie takim przewodnikiem, zawierającym cenne podpowiedzi oraz techniki odkrywania i wykorzystywania swoich talentów. Autor nie stawia się w pozycji eksperta wiedzącego lepiej, co jest dla nas dobre, lecz raczej doradcy odwołującego się szeroko do filozofii, literatury, współczesnych technik doskonalenia osobowości i własnych doświadczeń. Zdecydowanymi mocnymi stronami tej serii są przykłady z życia ilustrujące prezentowane zagadnienia oraz bogata bibliografia służąca jako punkt do dalszych poszukiwań dla wszystkich zainteresowanych doskonaleniem osobowości. Uważam, że seria ta będzie pomocna dla każdego zainteresowanego świadomym życiem i rozwojem osobistym.

Ania Bogacka
Editorial Consultant and Life Coach

* * *

Na rynku książek wybór poradników jest ogromny, ale wśród tego ogromu istnieją jasne punkty, w oparciu o które można kierować swoim życiem tak, by osiągnąć spełnienie. Samorealizacja jest osiągana poprzez mądrość i świadomość. To samo sprawia, że książki Andrzeja Moszczyńskiego są tak użyteczne i podnoszące na duchu. Dzielenie się mądrością w formie przykładów wielu historycznych postaci oświetla drogę w tej kluczowej podróży. Każda z książek Andrzeja jest kompletna sama w sobie, jednak wszystkie razem stanowią zestaw narzędzi, przy pomocy których każdy z nas może ulepszyć umysł i serce, aby ostatecznie przyjąć proaktywną i współczującą postawę wobec życia. Jako osoba, która badała i edytowała wiele tekstów z filozofii i duchowości, mogę z entuzjazmem polecić tę książkę.

Lawrence E. Payne

Dodatek

Cytaty, które pomagały autorowi napisać tę książkę

Na temat rozwoju

Przeznaczeniem człowieka jest jego charakter.

Heraklit z Efezu

Osobowość kształtuje się nie poprzez piękne słowa, lecz pracą i własnym wysiłkiem.

Albert Einstein

Na temat nastawienia do życia

Jeśli jesteś nieszczęśliwy, to dlatego, że cały czas myślisz raczej o tym, czego nie masz, zamiast koncentrować się na tym, co masz w danej chwili.

Anthony de Mello

W końcu, bracia, wszystko, co jest prawdziwe, co godne, co sprawiedliwe, co czyste, co miłe, co zasługuje na uznanie: jeśli jest jakąś cnotą i czynem chwalebnym – to miejcie na myśli.

List do Filipian 4:8

Na temat szczęścia

Ludzie są na tyle szczęśliwi, na ile sobie pozwolą nimi być.

Abraham Lincoln

Więcej szczęścia jest w dawaniu aniżeli w braniu.

Dz 20:35

Na temat poczucia własnej wartości

Bez Twojego pozwolenia nikt nie może sprawić, że poczujesz się gorszy.

Eleanor Roosevelt

Na temat możliwości człowieka

Nie ma rzeczy niemożliwych, są tylko te trudniejsze do wykonania.

Henry Ford

Gdybyśmy robili wszystkie rzeczy, które jesteśmy w stanie zrobić, wprawilibyśmy się w ogromne zdumienie.

Thomas Edison

Na temat poznawania siebie

Najpierw sami tworzymy własne nawyki, potem nawyki tworzą nas.

John Dryden

Na temat wiary w siebie

Człowiek, który zyska i zachowa władzę nad sobą, dokona rzeczy największych i najtrudniejszych.

Johann Wolfgang von Goethe

Ludzie potrafią, gdy sądzą, że potrafią.

Wergiliusz

Na temat wnikliwości

Prawdę należy mówić tylko temu, kto chce jej słuchać.

Seneka Starszy

Język mądrych jest lekarstwem.

Księga Przysłów 12:18

Na temat wytrwałości

Nic na świecie nie zastąpi wytrwałości. Nie zastąpi jej talent – nie ma nic powszechniejszego niż ludzie utalentowani, którzy nie odnoszą sukcesów. Nie uczyni niczego sam geniusz – nienagradzany geniusz to już prawie przysłowie. Nie uczyni niczego też samo wykształcenie – świat jest pełen ludzi wykształconych, o których zapomniano. Tylko wytrwałość i determinacja są wszechmocne.

John Calvin Coolidge

Możemy zrealizować każde zamierzenie, jeśli potrafimy trwać w nim wystarczająco długo.

Helen Keller

Tak samo, jak pojedynczy krok nie tworzy ścieżki na ziemi, tak pojedyncza myśl nie stworzy ścieżki w Twoim umyśle. Prawdziwa ścieżka powstaje, gdy chodzimy po niej wielokrotnie. Aby stworzyć głęboką ścieżkę mentalną, potrzebne jest wielokrotne powtarzanie myśli, które mają zdominować nasze życie.

Napoleon Bonaparte

Na temat entuzjazmu

Tylko przykład jest zaraźliwy.

Lope de Vega

Na temat odwagi

Życie albo jest śmiałą przygodą, albo nie jest życiem. Nie lękać się zmian, a w obliczu kapryśności losu zachowywać hart ducha – oto siła nie do pokonania.

Helen Keller

Silny jest ten, kto potrafi przezwyciężyć swe szkodliwe przyzwyczajenia.

Benjamin Franklin

Życie jest przygodą dla odważnych albo niczym.

Helen Keller

Na temat realizmu

Kto z was, chcąc zbudować wieżę, nie usiądzie wpierw i nie obliczy wydatków, czy ma na jej wykończenie.

Ew. Łukasza 14:28

Pesymista szuka przeciwności w każdej okazji, optymista widzi okazje w każdej przeciwności.

Winston Churchill

Dajcie mi odpowiednio długą dźwignię i wystarczająco mocną podporę, a sam poruszę cały glob.

Archimedes

OFERTA WYDAWNICZA
Andrew Moszczynski Group sp. z o.o.

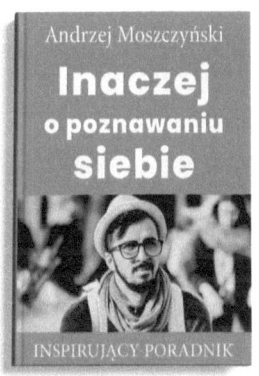

www.ingramcontent.com/pod-product-compliance
Lightning Source LLC
LaVergne TN
LVHW090036080526
838202LV00046B/3835